**Edition Schott**

*Il flauto traverso*

Mathieu André Reichert

1830 – 1880

# Tägliche Übungen

## Daily Exercises · Exercices journaliers

für Flöte
for Flute
pour Flûte

opus 5

**FTR 102**
ISMN 979-0-001-09407-8

www.schott-music.com

Mainz · London · Berlin · Madrid · New York · Paris · Prague · Tokyo · Toronto
© 1909 SCHOTT MUSIC GmbH & Co. KG, Mainz · Printed in Germany

# Tägliche Übungen

M. A. Reichert
opus 5

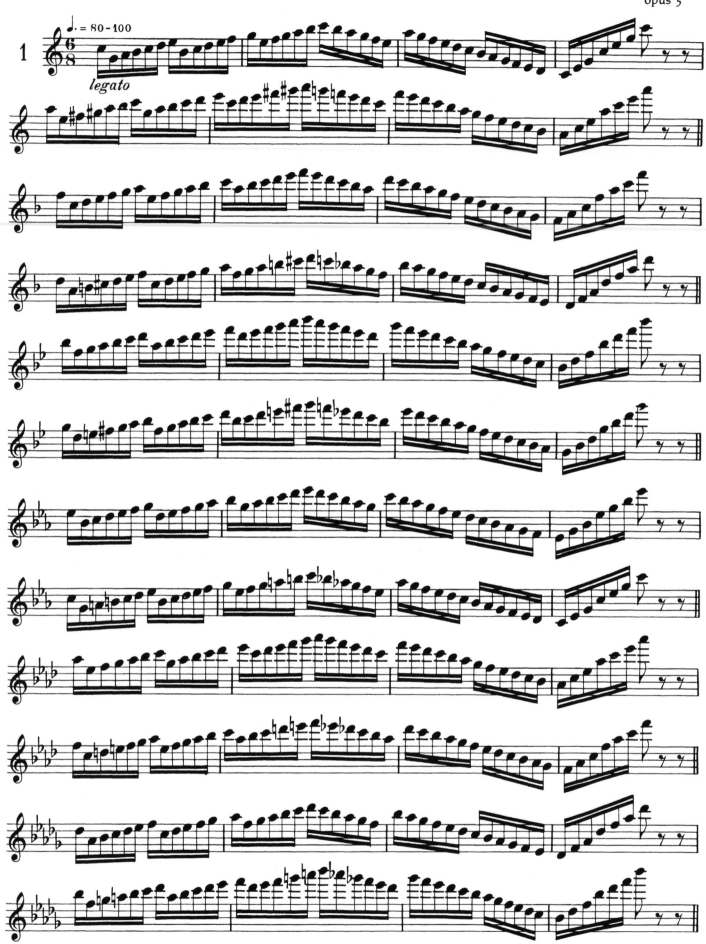

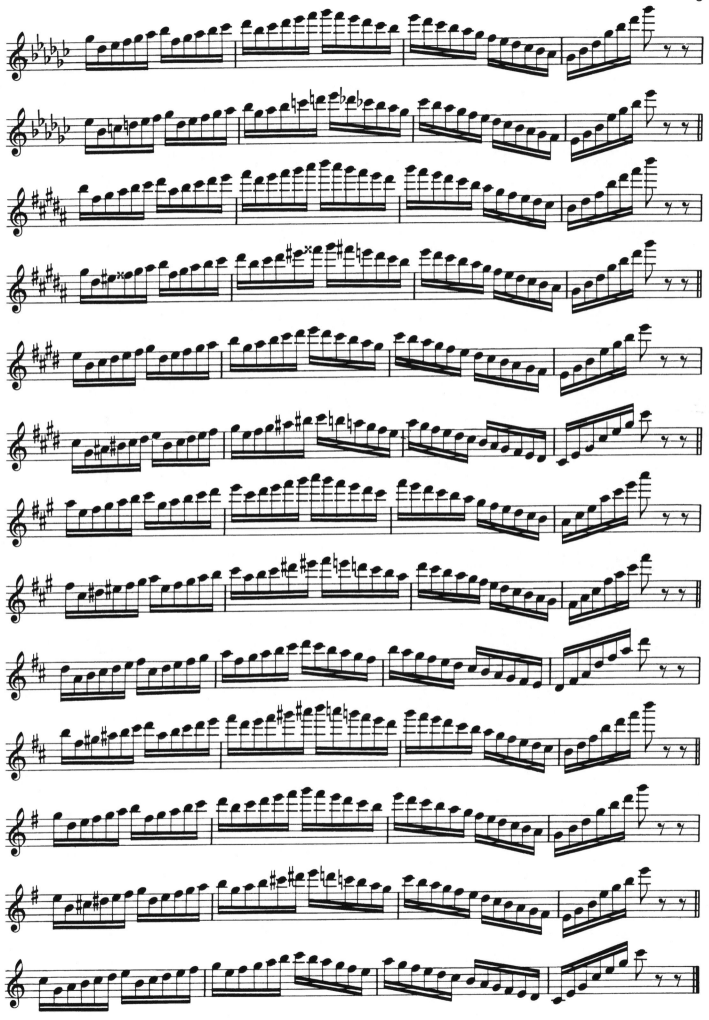

4

5

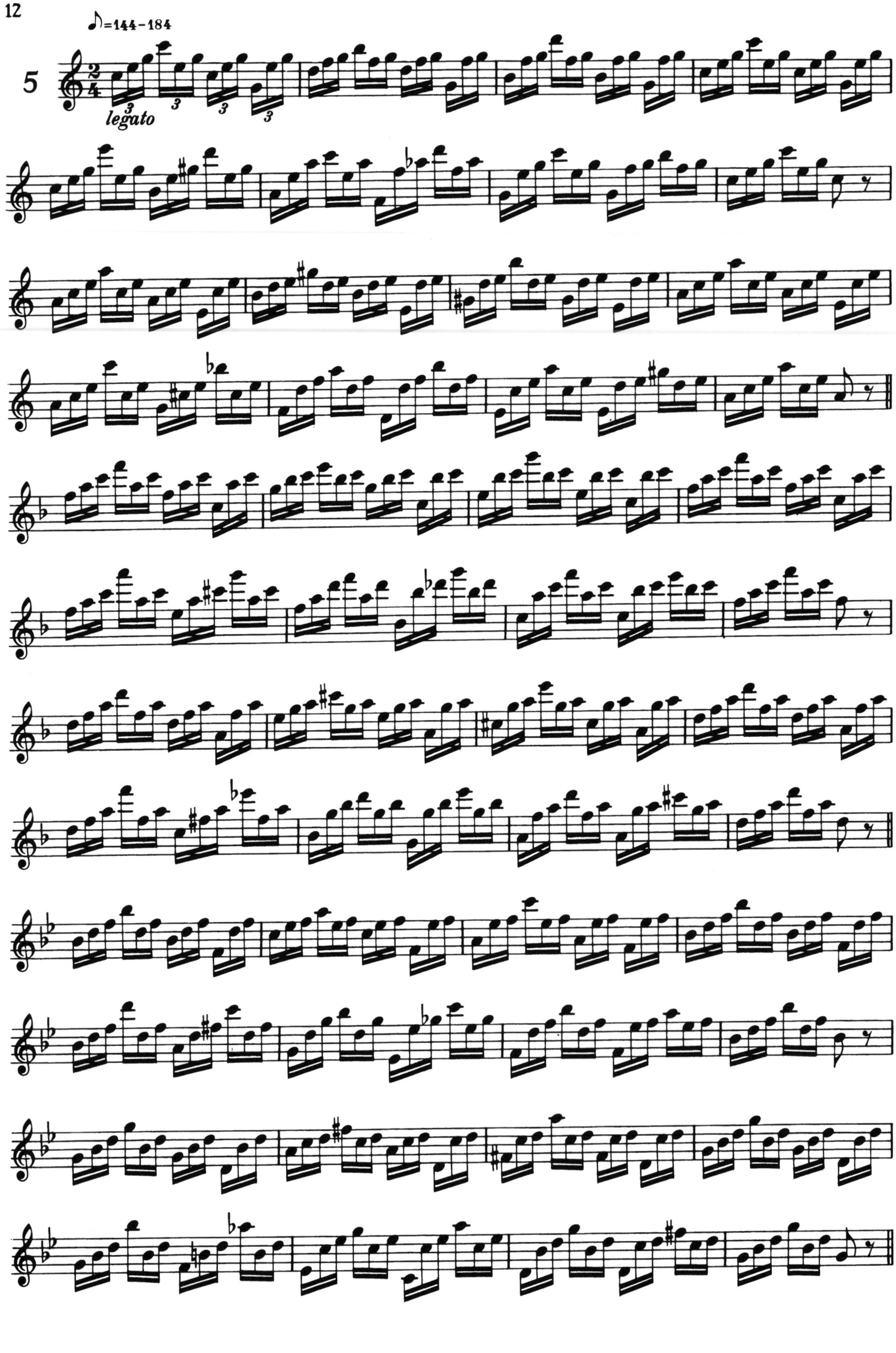
♪=144-184
5
3
legato
3
3
3

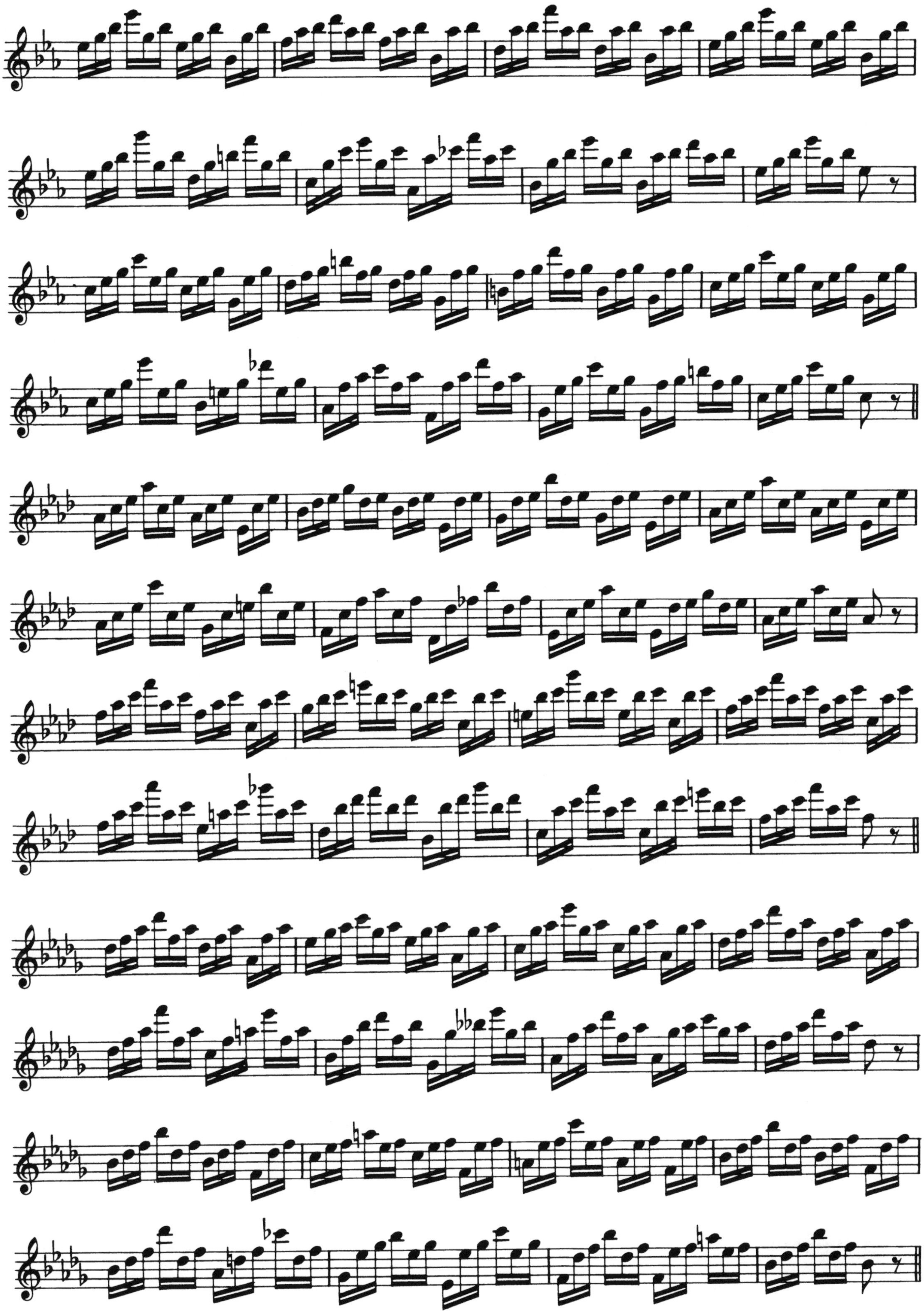

14

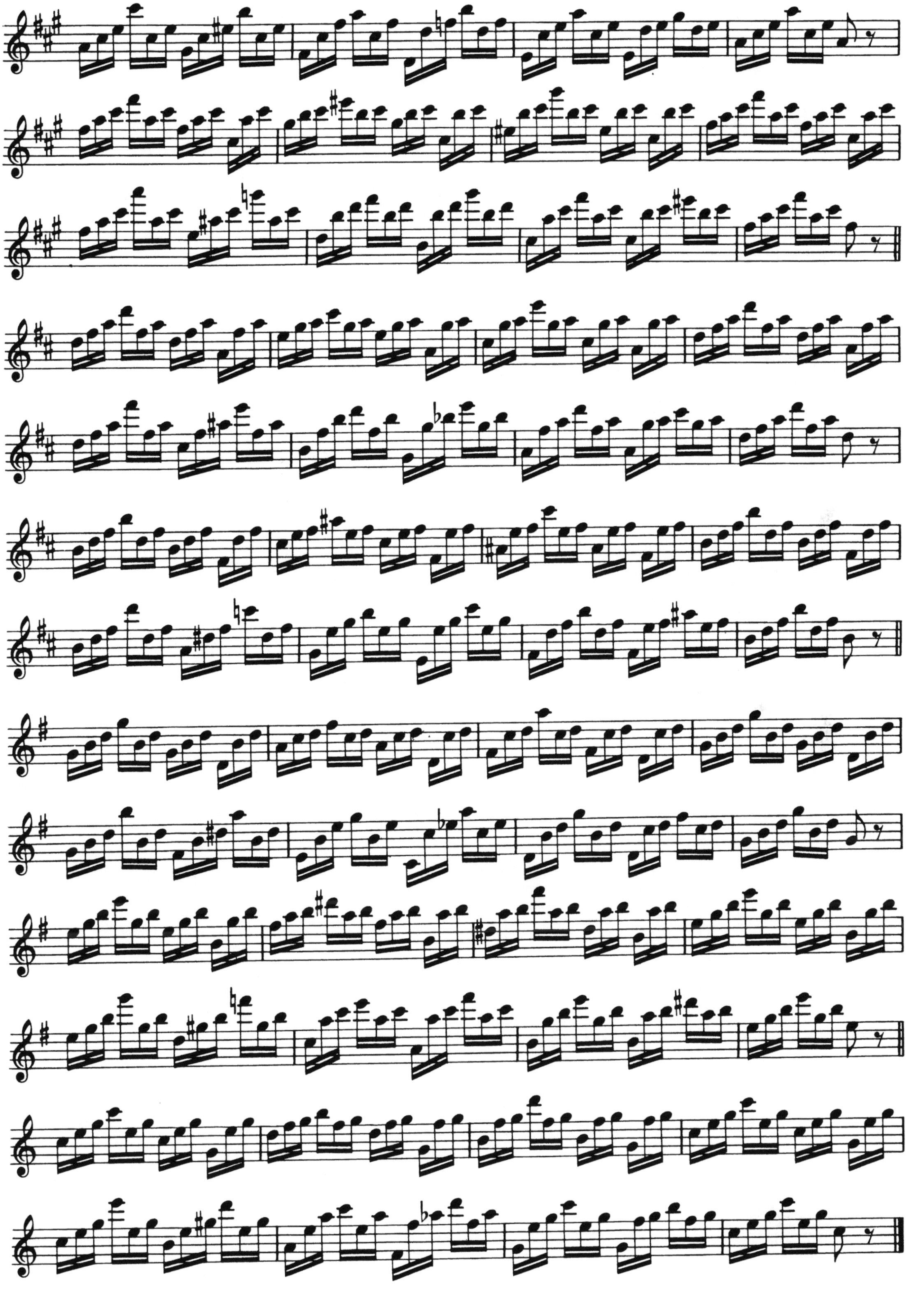

Doppelter Zungenschlag

♩=116–144

**6**

*sempre stacc.*

17

18

Dreifacher Zungenschlag
♩ = 160–200

7